€6,90

Für diesen Nachdruck wurde das Exemplar
der Sächsischen Landesbibliothek –
Staats- und Universitätsbibliothek Dresden benutzt.

Die vorliegende Ausgabe wurde geringfügig überarbeitet.

© 2001 Alfred Hahn's Verlag
Esslinger Verlag J. F. Schreiber – Esslingen, Wien.
Anschrift: Postfach 10 03 25, 73703 Esslingen.
Alle Rechte vorbehalten. (14541)
ISBN 3-87286-223-5

Knecht Ruprechts Arbeitsstube

Von Florentine Gebhardt ♦ Mit Illustrationen von Fritz Baumgarten

Kommt erst die Weihnachtszeit heran,
So fängt Knecht Ruprechts Arbeit an.
Sankt Petrus sagt: „Mein treuer Knecht,
Nun mach' den Arbeitssaal zurecht."

„Der Weihnachtsengel flog schon aus,
Durch Dorf und Stadt, von Haus zu Haus,
Was dort an Spielzeug brach entzwei,
Schleppt er dir heute noch herbei."–

Und Ruprecht ruft die Engelbuben:
„Nun räumt mir ein die Arbeitsstuben!"
Ein Saal mit blauer Sternendecke,
Mit Tisch und Bänken dient zum Zwecke.

Bald hebt drin an geschäftges Leben.
Viel Engelbübchen basteln, kleben,
Bei Schnitzen und Schneiden die Händlein sie regen,
Pinseln und malen und hämmern und sägen.

Auch Engeldirnlein sind zu sehn,
Die schustern und schneidern, sticken und nähn.
Die Englein, einst auf Erden treu
Und brav, die machen das, was neu.

Aber wer dort ein Unband gewesen
Wird hier für's Flicken auserlesen.
Das alte Spielzeug ganz zu kleben,
Das ist nicht lustige Arbeit eben.

Knecht Ruprecht sieht auch ganz gestrenge
Darauf, daß alles recht gelänge.
Wer gar zu ungeschickt sich stellt,
Auch mit der Rute was erhält.

O, was für wundernette Sachen
Doch da die kleinen Engel machen:
Bilderbuch – Pferdchen – Eisenbahn –
Puppenstube, Trommeln und Weihnachtsmann.

Puppendamen und Babys und Bübchen,
Wiegen, Schaukeln, Küchen und Stübchen!
Bei allem muß Ruprecht zeigen und proben,
Helfen und ändern, schelten und loben.

Und wenn dann alles fertig ist,
So segnet es der heilige Christ.
Zuletzt wird alles eingesackt,
Der Himmelsschlitten wird bepackt.

Zwei weiße Lämmchen vorgespannt,
Fährt Christkind ihn zum Erdenland,
Voran geht Mond mit hellem Schein,
Knecht Ruprecht schreitet hinterdrein.

Und wo die Kinder artig waren,
Kommt nachts der Schlitten vorgefahren.
Ganz heimlich packt das Christkind aus
Und trägt die Gaben in das Haus.